八大人觉经

释证严　讲述

出版说明

《八大人觉经》最初由台湾慈济文化出版社在台湾出版发行。

证严上人，台湾著名宗教家、慈善家，一九三七年出生于台湾台中的清水镇。一九六三年，依印顺导师为亲教师出家，师训“为佛教，为众生”。是全球志工人数最多的慈善组织——慈济基金会的创始人与领导人，开创慈济世界“慈善”、“医疗”、“教育”、“人文”四大志业。二〇一〇年，被台湾民众推选为“最受信赖的人”。如今遍布全球的慈济人，出现在全世界许许多多有灾难与苦痛的地方，通过亲手拔除人们的苦与痛，实践上人三愿：人心净化，社会祥和，天下无灾。

证严上人及慈济基金会的各种义举，得到国家有关部门的重视和肯定。二〇〇六年，慈济基金会获得“中华慈善奖”。二〇〇八年，海峡两岸关系协会会长陈云林访台期间，特意前去拜访证严上人，并对慈济基金会在大陆的各项慈善行为，做出了高度的评价。二〇一〇年八月，经国务院批准，慈济慈善事业基金会在江苏省苏州市挂牌成立，成为大陆第一家，也是唯一的一家由境外非营利组织成立的全国性基金会。

一九八九年，证严上人发表了第一本著

作《静思语》(第一集);此后的数十年来,证严上人的著作,涵盖讲说佛陀教育的佛典系列,以及引导人生方向与实践经验的结集;这些坚定与柔美的智慧话语,解除了众多烦恼心灵的苦痛与焦躁。在台湾的民众中有这样的说法——

无数的失望生命,因展读上人的书而回头;

无数的禁锢心灵,因展读上人的书而开放;

许多的破碎家庭,因展读上人的书而和乐;

许多的美善因缘,因展读上人的书而具足。

证严上人的著作问世后，在海内外均产生广泛且持久的影响。最近复旦大学出版社获得静思人文志业股份有限公司授权，在中国大陆推出“证严上人著作·静思法脉丛书”的简体字版。《八大人觉经》属于佛教经典书系，证严上人以深邃的智慧，讲述八种觉悟之道，帮助现代人舍欲、离苦、远离灾难，成就福慧圆满的人生。希望能给读者以启迪。

复旦大学出版社

二〇一二年五月

前言

释证严

我曾在报纸上看过一句话:“闲人无乐趣,忙人无是非。”大意是说:一个吃饱饭没事做的人,一定不快乐,因为日子过得毫无意义。

不过,现在这个社会,又有谁会是闲人呢?每个人每天总是匆匆忙忙,一副忙碌状;他们忙得快乐吗?我看不尽然吧!有些人每天都忙着应酬、打麻将、观光旅游。我想,这种忙一定会使他们在饱乐之后,感到疲倦与空虚。

人生宝贵的光阴,如果都被这些“无事

忙”所浪费，而真正快乐的工作却没做到，这是多么可惜！

什么是人生快乐的工作呢？

凡是有利于社会群众的工作，都是快乐的。

但有人却不这么想，每天只为自己的私欲、自己的需求而忙碌，把自己关闭在私我的牢狱中，无法接触到人世间真正善良可贵的人性，以致心胸不能开阔，宁愿空抛时光在是非中；这种人毫无人生价值感，哪有乐趣可言，这样多痛苦啊！

人生苦短，真正需要做的事实在太多，如能分秒必争、心无旁骛，为福利人群而努力不懈，过着殷实而富有意义的人生，哪还有空闲去惹是生非呢？这才是“快乐忙”的人生。

不为正事多忙一点，却会惹是生非，这是为什么呢？那是由于喜欢计较，计较某些人做得较少，某些人做得不好？像这样，不知人生的价值，不善于利用人生宝贵的精力，常沉迷于人我、利欲、是非之中，实在是可怜又可悲。

佛陀以多种方法教育弟子，使弟子们能从迷惘是非的凡夫地，迈向清明康庄的圣域——觉悟之道。它能让我们认清天地宇宙的真理，更能反观自性，发掘良知，寻思分别世态事相——什么事我该尽力而为，什么事该尽力防止。

何谓觉悟之道？佛陀在《八大人觉经》中开示八种觉悟之道，教育我们如何离欲、离苦、远离灾难。

第六覺知貧苦多怨橫結惡緣菩薩布施
等念怨親不念舊惡不憎惡人
第七覺悟五欲過患雖為俗人不染世樂
常念三衣瓦鉢法器志願出家守道清白
梵行高遠慈悲一切
第八覺知生死熾然苦惱無量發大乘心
普濟一切願代眾生受無量苦令諸眾生
畢竟大樂
如此八事乃是諸佛菩薩大人之所覺悟
精進行道慈悲修慧乘法身船至涅槃岸
復還生死度脫眾生以前八事開導一切
令諸眾生覺生死苦捨離五欲修心聖道
若佛弟子誦此八事於念念中滅無量罪
進趣菩提速登正覺永斷生死常住快樂

趙文恭書 己未仲夏

佛說八大人覺經

後漢沙門安世高譯

四戒居士趙心鑑沐手書

為佛弟子常於晝夜至心誦念八大人覺

第一覺悟世間無常國土危脆四大苦空五陰無我生滅變異虛偽無主心是惡源形為罪藪如是觀察漸離生死

第二覺知多欲為苦生死疲勞從貪欲起少欲無為身心自在

第三覺知心無厭足惟得多求增長罪惡菩薩不爾常念知足安貧守道惟慧是業

第四覺知懈怠墜落常行精進破煩惱惡摧伏四魔出陰界獄

第五覺悟愚癡生死菩薩常念廣學多聞增長智慧成就辯才教化一切悉以大樂

目录

【第三觉知】

【第二觉知】

【第七觉悟】

【第六觉知】

【第八觉知】

【第一觉悟】

●世间无常 国土危脆 四大苦空 五蕴无我 生灭变异 虚伪无主 心是恶源 形为罪薮 如是观察 渐离生死●

世间无常

什么是“**世间无常**”呢？人世间，凡是有物质、有形态的东西都是无常的。有许多考古学家，他们研究世间物质景观的结果，发现一切大自然现象曾是倒山为海、移海为山，几千年前的海底，说不定是现在你我所居住的深山或是陆地。地质天天在变，时时都在移动，山和海也无时不在变动中。

佛教中有很多文物，如敦煌的石窟，佛像林立、造型华丽宏伟，可以说是佛门的胜地，但历经了几世纪，许多精美的雕刻已埋入尘沙中。所以科学愈是发达，愈可体会出佛陀所说的世间无常、生灭变异的真理。世间的物质固然无一不在成、住、坏、空的变异之中，而众生的心性，也难免沦于无常、虚伪、生住异灭的妄想里。

以人而言，过去的恩爱、甜言蜜语，一旦情尽，反目成仇，因爱生嫉，由嫉成恨，这也是无常啊！

有一对年轻夫妻，以前很恩爱，但因故吵架，太太竟翻脸无情，利用晚上先生睡觉时，向先生泼硫酸，使先生面目全非，一只眼睛也因此被挖掉，而她也被警方逮捕。

这个例子，只是人间情爱形态的一部分；然而世间有多少恩爱甜蜜的爱情故事，到头来却变成了悲惨的结局，这种情形，也是无常啊！

爱情、事业、财富，的确是无常的。有一句话："富不过三代。"正代表了财富的无常。

所以说，科学愈发达，愈可印证佛陀所说的世间无常、生灭变异的真理。

国土危脆

就像前面举的例子，庄严雄伟的敦煌石窟，几千年后可能会被风沙所掩埋，青山有朝也会变成沧海；尤其科学发达的现代，多少美好的自然景色，却毁在争战中，这些在在都显露了“**国土危脆**”的真理。尽管我们看到了，也听到了这些事相，如不能深入佛教的教理，一样也是会迷迷糊糊地含混过去，没有人会仔细去体会。唯有佛陀能缜密寻思，透彻宇宙人生的谜底，开导我们发掘智慧，去寻求世间无常、国土危脆的奥秘！

四大苦空

人类多数的罪行，是由自身所发生。人为了享受自身私欲及保护自己，做了很多伤害他人的事，如果能看透色身，就可以尽此报身，为众生求安乐，也为自己寻求觉道；引用现代人的一句话，也就是“牺牲享受，享受牺牲”。

在人群中，有些人真的是过着“闲人无乐趣”的无聊人生，这些人就是太看重自己，舍不得把身心奉献给社会。因为过分保护自己，反而一点也不快乐，可以说是“富中之贫”。这一类人生，虽然在物质上不虞匮乏，但在精神与情感上，却贫乏得可怜，舍不得付出一点感情与爱心。相对的，别人付给他的，一定也是表面应酬，而非出于真心的对待；得不到爱人与被爱的幸福，这种人生，实在毫无乐趣可言。

人体是四大假合。四大就是“地、水、火、风”，人生辛苦忙碌到最后，大限到时的那天，四大散坏，风归风、火归火、土归土（地），又有什么好计较的呢？

世间的苦，究竟苦在哪里？总是苦在太过看重自己的生命和身体。佛陀告诉我们四大苦空，所以我们应利用难得的人身，贡献自己，追求爱的真谛——良知。尽一己之力，投注于谋求人群幸福之道，如此才能达到人生快乐的境界。

五蕴无我

人们往往太执著于物相，而生出分别心——你的、我的，这是我喜欢的、我讨厌的，划分得清清楚楚；以至于对自己所爱的就拼命去争、去求、去嫉妒，导致自己成为心胸狭窄的人。也因为如此，造作了很多苦乐业报。

我们应该静思、体认爱的价值观——如果真正爱一个人，必须同时去爱他所爱的人，这样才能使你、我、他，都生活在爱的和睦中。这就是大爱，它没有嫉妒与仇恨。

佛陀教我们要怀抱大爱的精神，不要把爱局限于某个人或某些范围，那都是短暂而虚伪的。古来圣贤，如释迦牟尼佛、孔子、耶稣基督，他们的爱都是彻底的、广泛的，并且把爱恒久地延续下来，付予众生无限的爱心。

同样的一分爱、一分情，为何我们要被情爱束缚得无比痛苦与悲哀呢？为何不把这分爱，化为清净、快乐而坚定的大爱呢？这就是众生执迷的所在。

总归一句，佛陀教我们要看透人生的虚伪不实，彻底了解真正宝贵的感情，不要被外界物欲蒙蔽障碍；这就是“**五蕴无我**”的道理。

生灭变异

佛陀所说的人生四相——生灭变异，也是无常之一。

人的心念有“生、住、异、灭”的流动形态；人身有“生、老、病、死”四种苦患；世间有“成、住、坏、空”四种变迁过程。

这些都是佛陀所说四相“**生灭变异**”的无常。

虚伪无主

世间有哪些东西是真实的呢？到头来，一切终究如梦境一场……只是凡夫往往执著在梦妄、贪求欲望的景况中受尽折磨，而不能自觉！

一般人往往活在是非纠缠的人际关系中，世上唯有两种人能得到真快乐、也无是非纷扰，那就是“大智”与“大圣”；他们没有苦的感受，即使辛劳磨难也心甘情愿，这就是超凡入圣；他们不受世间的利害得失影响，他们的任务是为人群而生活。就像释迦佛是为众生而修行，为众生而成佛。

所以说，只有贤人与圣人才能摆脱“虚伪”是非“无主”的假相。

我们既已发心学佛，就应紧追圣贤脚步，修学解脱之道，不受世间事物的影响，开阔心胸，心无一物，放下欲念私心。

这并不是不再管世间事物，而是能够扛得起、放得下，像是无垠的虚空，任凭鸟飞云游，却不留一丝痕迹。

心是恶源，形为罪薮

人与人之间为何会有是非呢？是因为心念太狭窄，无法容纳一个人或一句话，一天到晚都在别人的话中挑语病，时时刻刻猜忌别人会在背后说长道短，心中无法泰然。所以说一个人的心胸、度量一定要宽大，才能容纳别人的一言一行。

人生本来就是变异无常，苦多乐少。有

谁敢说他这辈子都很如意、很满足、很快乐呢？物质缺乏有物质缺乏的烦恼，物质太丰富又有太丰富的烦恼，缺少了感情也有烦恼。如果不能认清这些人生必然的情况，只是一味追求、计较，这种不平衡的心念便会造作种种罪恶，所以说“**心是恶源、形为罪薮**”。一个人的心门不能自由畅通，这辈子肯定是“闲”无乐趣，“忙”也是非不断。

如是观察，渐离生死

透彻佛教教理，就能真假分明，快乐自在。人生之所以有诸般苦恼，是因为真假颠倒，把假的看成真的去争执、计较；把真的看成虚妄的，而不用心体会，这就是颠倒人生。

学佛是希望能觉悟，能了悟天地万物的道理，就能真假分明，视生死如平常；即使“忙”也忙得快乐，“闲”也闲得很逍遥自在。

八大人觉经

八大人觉经

八大人觉经

八大人觉经

八大人觉经

八大人觉经

【第二觉知】

●多欲为苦　生死疲劳　从贪欲起　少欲无为　身心自在●

多欲为苦

我们都知道，人因多欲而苦——人有财欲的苦，钱愈多，愈想要赚钱；事业愈做愈大，烦恼也就愈积愈深。

也有利欲的苦，每个人都想占优势，想追求最大的利益，却换来满心不自在，而产生痛苦。

又有名欲的苦，为了求名不辞辛劳，趋附逢迎，但往往又是“求不得苦”。总之，财多也苦，子孙多也苦，有名也苦……真是无所不苦。所以佛陀说：“**多欲为苦**。”

生死疲劳，从贪欲起

因为心多贪欲，也因此造成了人生种种的业，这些业就像一条绳子一样，把我们牢牢地绑住，困在六道中难以解脱。

人的善与恶是平行的。在造福的过程中，也会无意中造业，所以常是苦乐参半。设若善业强盛，就可上生天道；由于在天道中完全是在享受福报，没有机会可再修行，也没有机会造福——因天道中都是享福的人，没有人需要你去帮忙，因此，就没机会发心造福业，一旦福报享尽，还是会下堕到充满罪业的地方——三恶道。

所以，我们若要求福，就不要求生天道，因为天福是缘于个人在人间所造的善业，因此上生天堂，那是人人享受的地方。其实所谓的享受是消耗福报，是消极的生活，因为没有再造福的机会。

就如世间的有钱人家，因为环境富裕，整天耽迷于享受逸乐中，既没有机会也不懂得关心苦难的众生。何况投生天道，就更没有因缘造福了，即使发心要行善也无机会。所以我一直在提倡，一定要保持"做人"的机会；我们必须发愿——世世常行菩萨道。

通常，我们在回向时，会有如下的发愿——“愿消三障诸烦恼”。“烦恼”，大抵不出贪、瞋、痴。因贪瞋痴而生障碍，人们心有所贪就易发瞋，由于瞋心而起痴念。

人们何以不能缔造一个幸福快乐的人生呢？大都因为舍不得付出(贪)；不但不能舍，反而还要争(瞋)。为什么要争？只因为我们不明真理(痴)。

贪瞋痴这三种恶念正是我们内心的垢病，一定要消除。所以学佛的人，第一件所求的就是：愿消三障诸烦恼，使身、口、意三业归于善行，防止恶念。

“愿得智慧真明了”。佛教徒要追求的，不只是福报，更要勤修智慧，才能有真正的福业；要成佛必须福慧平行双修。我们要修的福，应该是到任何地方都会受人敬爱的福缘——有被人支持、成就事业的好人缘，就是福缘，也就是我常说的“未成佛前，先结好人缘”。

常常做利益众生的事，就可以广结众生的福缘，而这些行为，需要智慧的指引。因此，我们更要求自己“智慧真明了”，使心地清净、智慧开启，则所见所闻，都能彻底明白。

“普愿罪障悉消除”。人生在世，没有一个人不是在有意无意间造下罪业；未认识佛法之前，“开口动舌，举足动步，无不是业”。这是《地藏经》中所说的。有时意业尚未显形而埋在心底；有时无意中说话伤到别人的心；有时一失足走错路，这些都是业的种子——因。所以，人生在世，没有一个人不曾造业，而有业必有报。我们所要求的是希望消除业障，让我们在这辈子能仗持佛法，行善助人，以善行转恶缘，清净业障。

最后也是最重要的是“世世常行菩萨道”。要发愿生生世世来人间行菩萨道，意思就是希望常得人身，在人间做救济人群的志业。

学佛要知道“**生死疲劳，从贪欲起**”。众生在六道——即天道、人道、阿修罗道、畜生道、地狱道和饿鬼道中；生生死死、死死生生、轮回不已，实在非常劳苦。这些疲劳都是从贪欲而起，所以我们必须少欲知足；能满足的人，才有快乐。

少欲无为，身心自在

学佛的目的,除了为社会人群谋福利之外,更要追求佛陀的教理,知道生从何处来,死往何处去;要以什么形态去选择人生,如何进取佛法……直到生死自由、来去自在,如此就可达到“随自己所愿”的身形,自在来去人间。

观世音菩萨有三十二应化身,能以种种形态出现人间,应人间的需要现身形,救度人间的众生,就是因为生死自在的关系。

要生死自在,首先必须少欲无为。我们既来人间,应该抱持“来人间是为众生而来”的心态。为众生来人间,就是菩萨;为自己来人间,就是凡夫。我们今生能再来人间,就是在过去生中造就人道的福因,由人道的业力牵引而来。虽然目前还是凡夫,但是我们应该庆幸已得人身,又能听闻佛法。所谓:“人身难得今已得,佛法难闻今已闻。”既然已听闻佛法,就要赶快走向佛道,努力修行,佛经不单是让我们去听、去念,还要当成道路来实行。

佛陀讲经就是讲道;经者,道也。人若能依道而行,终会到达目的地。因此,学佛若能依教奉行,终必成佛。

有道是:佛法难闻今已闻。现在既已听

闻佛法，就要赶快把握。“此身不向今生度，更向何生度此身?”我们既已得人身、闻佛法，如不赶快利用今生了脱烦恼断生死，更要等到何生才来度此身呢？我们要爱惜、重视自己的力量，不拘大小，取诸社会、用诸社会。财富既然生不带来，死不带去，就应该好好利用它，用来铺好将来通往菩萨道的桥梁。

学佛必须以佛道为自己当行的道路。人常常执著于生死而不得自在；因为怕死，所以就求神、求鬼、安太岁……做出很多荒谬不合理的迷信行为。

有一位老太太，她很虔诚地礼拜各种神祇，并且也皈依了三宝，但只是形式上的皈依，并不是正信的佛教徒。她很有钱，儿子媳妇表面上也都很孝顺，但是她一往生仍停尸在家中时，几个儿子就吵起来了，争着要她身上的裤带。

在台湾有种传言，认为若能得到父母往生时所穿裤子上的裤带，就象征得到了财库。

因为他们争吵不休却没有结果，于是就去求神问卦；老太太附身在乩童身上，就哭诉说她死后连裤子也没得穿。

她一生都很虔诚地拜神拜鬼，但死后，仍堕入鬼道而无法超生，这就是因为她平时对佛教没有正信，无法对子孙施以佛教教育，以致含恨而终。如果她健在时，懂得利用自己手边的钱，尽量去造福人群，这些福业就会由她带去，经云："万般带不去，惟有业随身。"自己修行自己得，自己做的功德自己受用，不要等到身后才让子孙替你做。《地藏经》云："七分功德，六分生者自得，亡者只得一分。”

学佛要学正见，虔诚念佛，自己痛下工夫。若是发菩提心、行菩萨道，就不怕子孙是否为我们做功德？如果自己不念佛、不用功、不造福，到时候子孙为我们做多少功德都没有多大的用处。

总之，虔诚地念佛，多发菩提心，为社会众生做救济工作，如此就能福慧双修，生死可断，菩萨道也可完成。所以佛陀教导我们要有此第二种觉悟：

多欲为苦。生死疲劳，从贪欲起；少欲无为，身心自在。

我们要走向觉悟的道路，不要只迷于一般的信仰，只要做好应该做的事，自然就会有善人、护法的护持。

八大人觉经

八大人觉经

八大人觉经

八大人觉经

八大人觉经

八大人觉经

【第三觉知】

心无厌足　惟得多求　增长罪恶　菩萨不尔　常念知足　安贫守道　惟慧是业

心无厌足，惟得多求，增长罪恶

凡夫心常常是无厌足的。财产多，还要更多；权势大，还要更大；男人既有娇妻，还想要有美妾；先生好，还希望他百依百顺；孩子乖，还想要他样样得第一，以光耀门楣……永远都在无止境地追求名利、物欲、爱情、亲情……这种多欲多求的生活，的确是苦不堪言，尤其易生犯罪心理，构成罪恶行为。

在我们四周围的人群中，常听到某人为了追名逐利，最后落得潦倒落魄的地步，这些悲惨的经验，正是无穷尽追求利欲的下场。

人，总是为了追求名、利、权势而劳碌终生；对于情爱亦是贪求不厌，每于私情欲爱缠绵不休中，生出万般痛苦，不能解脱。

几年前，有位太太来找我，她的先生是知名的企业家，对她百依百顺，以世俗人的眼光看起来，算是很享福，物质生活是上上等的享受。但她仍觉得很苦，看到我时，哭得很伤心，我问她："你有什么不满意呢？"

她说："师父啊！先生对我感情不专，使我痛苦、不满。"

我问她:“到底你要追求多少感情才能满意呢？人生不要太强求,感情如同一个球,愈用力拍,它弹得愈高愈远。”

她问我:“那要如何解决呢?”

我回答她说:“放宽尺度,你的爱范围太狭窄,犹如把感情变成一条绳子,缚(管)得他对你产生敬而远之的心理,才会使你那么痛苦。你应该以柔和的感情来宽容他的一切,不要以占有欲、压力加诸在感情上面,否则先生表面又顺又爱,但内心却又烦又畏,也就难怪他会对你有欺骗的行为。你若能把爱扩大到去爱他所爱的人,他一定会感谢你,同时也更珍惜这分感情中的恩情,因为你给予的爱是那么自在。人的感情就像个洪炉,只要你多给他宽大的爱,满足他的感情,再冷再硬的心也会熔化……”

这位为情所苦的太太，后来果真做到“去爱他所爱的那些人”，夫妻的感情如此，父母子女的感情也是如此。

芸芸众生，本来可以相处自在，过着感情和乐的安定生活，但只差在“**心无厌足，惟得多求**”，为了多求，难免心起烦恼，“**增长罪恶**”。因此佛陀常教诫弟子：切莫求无厌足，为情所苦，再造恶业。

菩萨不尔，常念知足

菩萨与凡夫不同处,是凡夫对欲念不知足,因此多求多苦,多造诸业。而菩萨却能常念知足,能安贫守道;他所追求的是智慧道业。

人都喜欢相互比较,假如一直向上比,当然永远不能满足。何不想想:自己虽有不如人之处,却也有人不如我。

我们生在台湾，生活可以说是十分富足。看看非洲地区，有无数的人正在饥饿的状况中挣扎，就以台湾目前的贫户与他们相比，都比他们幸福得多。

人比人总是永远比不尽的，因此我们应该常念知足。尤其发心行菩萨道者，就必须时时保持欢喜心，能安贫乐道、精进慧业。

颜回是孔子最得意的弟子，孔子在讲学中常以颜回作为其他弟子的榜样。在《论语》中有一段孔子赞美颜回的话："贤哉回也，一箪食、一瓢饮，居陋巷，人不堪其忧，回也不改其乐。贤哉回也！"

我一直把这段话作为日常生活中的座右铭，因为它意味着人生所追求的是丰富的智慧。

安贫守道，惟慧是业

菩萨的感情是广大无边际的，能包容宇宙，无限量地爱一切众生，但却丝毫不求众生感情的回报。因此物质并不影响他的道心，他常念知足、安贫乐道，所追求的只是智慧，因此说“**惟慧是业**”。凡夫与菩萨的分别就在“迷”与“觉”中。人的生命只有几十年，但慧命是无穷尽的，我们要学菩萨追求永恒的慧命，切莫只追求名利、私爱，以致受尽苦恼折磨，这实在太不值得了。

常有人向我诉苦，而我也常对他们说："想要解开烦恼痛苦，就必须对佛教教理多追求了解，看开物欲，拓宽人生的感情，把爱扩展分散给芸芸众生，将爱你孩子的心，去爱所有你所看得到、听得到、需要你爱的孩子；扩展个人狭窄的私爱，普爱天下的众生。佛教讲因果，你如付出大爱给众生，相对的，同样会获得很多众生的爱。"

爱本来就是无穷无尽，爱心广被可利益天下，也就是慧命的延长；如果爱只限于私己的范围，就会增长恶业。愿我们与菩萨共修学，少欲知足，安贫守道，培养慧命，时时生活在快乐中。

八大人觉经

八大人觉经

八大人觉经

八大人觉经

八大人觉经

【第四觉知】

●懈怠坠落　常行精进　破烦恼恶　摧伏四魔　出阴界狱●

懈怠坠落

多欲之人确实是苦,惹恶造罪者,皆由多欲起。菩萨之所以能成为菩萨,是因为他少欲知足,安贫乐道,有信心、智慧、毅力。因此能不受物欲左右,能得身心解脱自在。

佛陀担心弟子们会错意,误以为既然身在多欲的社会上会造成罪恶,倒不如远离人群独善其身,以致产生了消极的心理,因此在第四种觉知中警惕我们:可以少欲,但决不能懈怠坠落。

我们所说的少欲，并不是什么都不做不管，什么都不求不争，而是对善的、有益众人的事，都要积极去做、去求进展，不要为日常生活的事物、是非患得患失，因而痛苦、失意、消极。

人，大多被五欲所困。有了一点成就，还想要得更多，而有得就有失，这是必然的道理，所以佛陀时常开导我们切莫为物欲所驱使，亦莫为财利而争夺。是我们应得的，就该以正当的方式去取得，并须取诸社会、用诸社会；不该得的或有损于人的，就不该去强取，这样才不会有得失的痛苦。

佛陀说不能懈怠，懈怠的人一定会堕落。佛陀鼓励我们，虽然要少欲，但决不能懈怠。也就是：得时切莫骄狂，忘本失真，而失时更不能消沉自卑。

子贡问学于孔子:“我如果能做到贫而无谄、富而无骄,是否就很好了呢?”

孔子听了说:“能够修养到这种程度是很好的,但还是差了一点点。如能贫而乐、富而好礼则更好!”

在贫困中仍能安乐自在,不因贫困而生自弃、自卑感;富有却能不骄傲,而时时以礼待人,这才可贵。佛陀教育我们的精神也就在此:人生必须积极上进,不因境遇的得失而丧失生存的斗志。既知人生多欲是苦,就必须赶快精进除欲。精进就是要安贫乐道,进修慧业。

人从何处来? 已无法知道;现在该怎么做人? 也是茫茫然,很多人都不知道要如何做个真正的智者。

人时时受到周围环境影响而起心动念，接触到顺境时就得意忘形；遇到逆境时则烦恼悲泣。因为受境界所牵制而喜怒无常，心随境转，动荡不安；智慧功力也因之受阻，不能发挥效用，使日常生活的待人处事不得自在，这就是凡夫。

佛陀教我们在排除欲念后，进而统摄精神，认真地追求佛陀教理，“**常行精进**”，如此才可增加正确的智慧。

常行精进

什么是精进呢？精就是“不杂”，进就是“无退”。精是专心一念，要做一件事必须专心才做得成；无有二念，才有进步。若要具足完成功德事业，必须具备四个条件：一是信心，二是精进，三是摄持，四是智慧。

佛陀在世的时候，因为众生多烦恼、多无明，以致造业不断。在佛陀得道后，为了改正众生观念的偏差，因此到处讲经、教化。在经典中，有这么一段故事：

有一次，佛陀来到一个村落，那个村落的东庄与南庄隔着一条河，东庄约有五百户人家，庄内的众生常造作恶业，没机会听闻佛法，每天总是在吃喝玩乐、安逸懈怠中度过。佛陀怜悯众生，因此行化到东庄欲度化他们。

东庄的人，听到佛来了都很高兴，因为佛成道后，即受到全印度的崇拜与爱戴。所以东庄的人很虔诚地礼敬佛陀，请佛为他们说法。佛陀说法的那几天，东庄的人外表上都表现得很虔诚，但心理上仍无法接受教化。佛陀看在眼里，悲悯在心里，却也只能空叹无可奈何。

有一天，从河对岸的南庄来了一个人，全身湿淋淋地走到佛陀面前虔诚礼拜，那分虔诚恭敬的行仪，使见闻者都产生了衷心的感动与无限的信心。

佛陀问来人："你是什么人？怎么来的？到此要做什么？"

来人恭敬地回答："我是一个愚直的人，我住在南庄那边。久闻世尊游化人间，开启人心智慧、除灭众生的愚迷烦恼，所以我一心要来听受佛陀的教法。一路赶来，但行程中间却横隔着一条河，别人告诉我，河很深，必须靠渡船才可通过。但当时岸边无船，而我又求法心切，有人告诉我：既然你那么急切，何不涉水过去？因此我就涉水而来了。"

佛陀听了非常感动，赞叹地说："信能渡渊，摄为船师，精进除苦，慧到彼岸。"

"信能渡渊"意思是，只要有信心，即使深渊大河也可以渡过；相反的，没有信心的话，即使近在咫尺，也无法到达。

再说“摄为船师”。摄就是接受，即使没有渡船，但只要你有信念，肯去接受教法，这个法就像是一条船，可以送你到彼岸。“精进”就能离苦，离此岸的苦而得到彼岸的乐。有智慧就可登彼岸，所以说信心、精进、摄持、智慧，是脱离三界、离开六欲的主要条件。在日常生活中，能看开世间物欲的烦恼，也就能安贫乐道，进而从凡夫的境界升华到圣人的境域。

佛陀说这段话，其实是一语双关，一方面是赞叹从大江对岸来的南庄人，他为求佛法而不惜险难，游水渡江而来。另一方面则在鞭策近在咫尺的东庄人群，虽近于佛前，而不起诚敬的信念，不生希求、受教、持法、精进、智慧的道心。这都是因为东庄人瞋心炽盛，所以求道的心念不专诚。

道心就是理性，人的本性也就是佛性；凡人都有佛性。欲念如果扩张下去，就会埋没理性，而理性如果能启发出来，就可以制止欲心。

现在社会上的人，多数由于“欲”念牵引而去造业。这个“欲”不知败坏了多少人的志节和名誉。世人为名为利、贪求名闻而争，不知害惨了多少人，欲能引诱我们进入烦恼的深渊。人生的确是多欲为苦，多欲能使恶业增长。佛陀教育我们看开这些物欲，防止物欲冲昏了良知，埋没了良能。

佛陀常教诫我们离欲、进修，精进功德、增长智慧，多造利益人群的福业；这是菩萨行者所该做的，所以说常行精进，破烦恼恶。

破烦恼恶

佛陀教我们要精进，精进才能破烦恼恶。常有人问："人为什么会不得自主，如痴人任凭环境摆布、被命运安排呢？"

我的回答是："只有凡夫才会被命运（业力）安排，圣人自能安排命运。"

如何安排命运呢？必须用信心、愿力及智慧，坚毅地破除烦恼的恶念，当智慧生起时则业力随转，一切就能解脱自在。所以说圣人能创造环境，自我安排命运。

能"**破烦恼恶**"，就能"**摧伏四魔**"。

摧伏四魔，出阴界狱

“魔”的意思是指会使人心恐慌、苦恼、愚暗迷乱的东西。魔字分开即是“麻”与“鬼”。麻是一种很容易生长的植物，种子落地即生出密密麻麻的枝蔓，进入麻丛中容易分不清方向，心中就会产生惊慌恐怖。有疑心就会生暗鬼，这分疑念也会变成魔，魔并非指青面獠牙的恶鬼，而是指人的心地产生了太多的杂念疑虑、诸多烦恼，因而充满了恐慌忧恼。

四魔是指天魔、死魔、烦恼魔、五阴魔。现在分析如下：

一、天魔：意思就是欲天烦恼。生在欲天不但物质丰富而且寿命长，既没有布施造福的对象，更没有闻法听教的机会。就如同人间的富有人家，因为物质富有，随着权势名气愈大，本有的良知往往就被物欲层层蒙蔽。所以说天魔就是欲界的魔，为了贪图享受去追求欲念，这种生活会荒废时间，耽误道业。

人生一切的功德是时间累积起来的，现在不做，就没有未来的福业。人生无常，社会上需要你时，就必须赶快去做。做任何事情都要把握当下，如有欲念缠心，道心就无法精进，不要以为福报、健康永远都跟随着你，假若有这种想法，就会遭受天魔所控制而不得解脱。

二、死魔："人"最怕的是"死"，但是既有生就有死。没有人知道自己能活几年；也没有任何人可以解答什么年龄才算是死的标准时间。不过，佛陀曾对弟子说："人命在呼吸间"，只要一息不来，此生即告终了。这是最令人恐慌、烦恼的事。

三、烦恼魔：有些人经济很富裕，时间也很多，但却一直像蚕一样地作茧自缚，这些烦恼均来自贪、瞋、痴。所谓的烦恼并不是以人的生活物质作标准，而是心境状态的分别，人如不能知足就永远都在烦恼中。

有些接受本会帮助的低收入户，他们的精神生活过得比一般人还自在，为什么呢？因为他们一向在贫困中过惯了，很知足；在他们的观念中已没有与社会争斗的烦恼。反观芸芸众生往往都不知足，有了财富还想要更富有；在社会中有很多使人眷恋不休，于欲爱中造业的陷阱，诸如目前社会风气动荡不安，经济犯罪层出不穷，这就是烦恼魔。

四、五阴魔：五阴是色、受、想、行、识，众生都具有这五阴烦恼。

“色”，一切看得到的物质都叫做色，包括我们的身体。

“受”是对日常生活中的人、事、物，时刻所感受到的喜怒哀乐等感觉。

“想”，上面是“相”，下面是个“心”字，意思是:日常生活中,有形形色色的形相牢牢印在心上,便成了这个“想”字。也就是说:一切人、事、物、色、形相,都常在心中起贪、瞋、痴等烦恼的念头,常令人爱恋不舍,造一切罪恶。

“行”,是一切的动作,从生至老之间,时刻都在起灭、生长、变化。而一切物质无时不在败坏中,只是一般人毫无觉察。它也称为“行蕴”,其运行变化极其细微,是看不到、摸不到的。

“识”,就是识别,感触“人”、“事”、“物”而生喜、怒、爱、厌……。学佛者,所学的就是要把意识转回到本性,能这样,则智慧门开,光耀明净,届时自可把握自己的生死,控制业力、创造命运,就不会被三界魔王牵制在欲界中不得自在。

人生因为有以上四魔的困扰,因而无法解脱自在,所以佛陀教育我们要少欲精进。

凡夫总是心多欲念,求不厌足,常被欲念所拘束。内心时时空虚、烦恼,在心不厌足中造业;而菩萨的意念则常在慧业,所追求的是如何才能开拓智慧之门?如何才能落实心理建设的方法?这是佛陀的教育,也就是教育我们如何透彻了解物欲的价值观,挣脱"**惟得多求,增长罪恶**"之苦。

除了少欲知足外,我们还要精进不懈,一旦懈怠必定会堕落,尤其在佛教中修行的人更不能懈怠。人必须与时日竞争,切莫使时日空过。一切的功德需要长时间来累积完成。所以说:时间可以造就人格、成就事业,也可以充足我们的功德。

我们要利用人生，决不能懈怠堕落，一定要精进破除烦恼恶，“**摧伏四魔**”，才能“**出阴界狱**”——离开三界六道，不受烦恼。

八大人觉经

八大人觉经

八大人觉经

八大人觉经

八大人觉经

【第五觉悟】

●愚痴生死　菩萨常念　广学多闻　增长智慧　成就辩才　教化一切　悉以大乐●

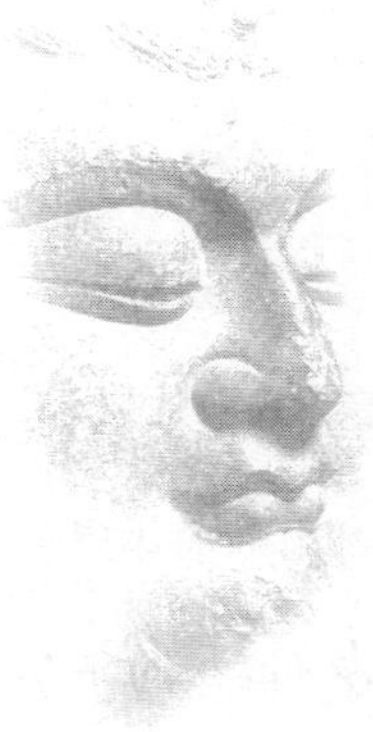

愚痴生死

众生常流转于愚痴生死中，愚痴是不明道理，醉生梦死，只知追求享受，造诸恶业。于“四大调和”——身体健康、行动自如时，却被这种随心所欲的自由所蒙蔽，虚掷时光而毫无觉知，以为每天都能如此安乐。却忽略了“明月不常圆，好花不常开，好景不常在”的道理，漠视无常变化于瞬间的可能，只顾耽于眼前的欲乐。

世人所认为的孝，都以物质为主，以为在

日常生活中能供给父母衣食温饱或物质上的享受,就是尽孝了,其实不尽然。

佛陀所说的孝道是:除了物质生活安逸之外,更重要的是能使父母离愚痴、长智慧,得到永恒的心灵解脱。

如佛陀成道后,专程回到皇宫度化父王信仰佛法,并且同意让养育他的姨母出家;又于圆寂之前,特地到忉利天为母说《地藏经》以报母恩,所以《地藏经》被称为佛教孝经。

又有高僧莲池大师作"七笔勾"文,第一笔勾文:"恩重山丘,五鼎三牲未足酬,亲得离尘垢,子道方成就。啊!出世大因由,凡情怎剖?孝子贤孙,好向真空究,因此把五色金章一笔勾。"文中的意思是:父母恩德如山丘一般无比崇高,虽然极尽世间美物孝养,亦难尽报其爱彻骨髓、牵肠挂肚的宏恩于万一，而父母死后纵能极尽体面排场，以五鼎三牲的丰盛祭品拜祭，也无法救亲得脱五道；故云："亲得离尘垢，子道方成就。"只有父母亲能得超脱，为人子的孝道才算完成。

要如何使父母能离尘垢呢？有两种方式：

一是自修：自修才能自得，《地藏经》中曾说，在世的眷属用最虔诚的态度，请法师诵经超度，即使再恭敬，所得七分功德，六分是生者自得，亡者只能得七分之一。所以要让子孙为我们做功德，倒不如自己去做；好好自修是得道解脱的因，如期望后人代为"超度"，那种希望是太渺茫了。所以我们应引导父母踏入佛门，好好体解佛法，及时自修。

佛教中有个故事：释迦牟尼佛成佛后，度化了一千两百人，组织了一个僧团，浩浩荡荡地回到他的国家宣扬佛法。他要回国之前先派遣弟子向父王报讯，净饭王听说儿子要回来的消息，非常高兴；天还没亮就带领全国的大臣，到大河的岸边等候。那时佛陀也带了他的僧团来到河的彼岸，隔岸相对，看到对岸僧团庄严的气氛，全国的人民油然兴起欢喜、敬重、虔诚的心理。

佛陀用竹筏一批批地把僧众渡过河，净饭王把他们安顿在一个清净的地方，供养他们。等到他们吃完饭，净饭王与大臣到佛住的地方，看到僧众服装整齐，形象庄严得不可冒犯，竟看不出哪一位是自己的儿子（他们已分离十四五年之久）。那时佛的弟子，也是佛陀的堂弟阿那律就上前引导。净饭王见到佛陀，心中难免有父子之想，阿那律告诉王说："大王啊！你知道吗？佛陀现在是三界之师、人天之父，已超越人间，智慧圆满，觉行齐备，是超越三界的圣人，你不能再作父子想。"净饭王听了顿时觉悟，作皈依佛想，于是便对佛虔诚礼敬。有人就说：这样违背世俗之礼仪啊！

"我生给他的是血肉之身，是有生有死、会腐烂散败的不净身体。而他给我的是清净不死的慧命，所以我依他为师，理应作礼。"净饭王并向大众说："我是一个很平凡的人，虽然身为国王，但行在五欲之中。我的儿子能成就佛道，给我一分光明，一个解脱的机会，这真是殊胜的因缘……"

所以说真正的孝道，不是物质的供给，而是要救度亲心，而救亲之道在于使父母得道解脱。

二是仗子的道业：我们的身躯来自父母的精血，父母无法做的，我们应以他遗留给我们的精血骨肉，为父母修、为父母做，把功德回向给他们。做子女的如能好好修持而有成就，那么父母也可得福德受用。

因此，要好好利用我们的身体，趁现在能自由说话、自由走动的时候，赶快去做，去福利人群，宣扬佛法，导人向善。不要把能说话的嘴巴用在搬弄是非造口业上，也不要把能行动的身体用在吃喝玩乐、耽恋物欲中，如此有损子道，生有何益？

菩萨常念，广学多闻，增长智慧

因为众生“**愚痴生死**”，耽恋眼前欲乐，不知生死之苦。所以“**菩萨常念，广学多闻**”。多听、多学，就能增长智慧，成就辩才，教化一切众生，使一切众生都能得到究竟的大乐。

成就辩才

说法辩才有：法无碍、义无碍、辞无碍、乐说无碍。这就是四无碍辩才，也可称为四无碍智。

一、法无碍：佛陀的教法是圆融的，能随众生的根机去分析教法名相，使人心能通达，这就是法无碍。

二、义无碍：通达诸法义理，能为众生谆谆善导、细细分析，就是义无碍。

三、辞无碍：运用深妙教义，面对众多的

人群，知道利用各种适切的言辞、言语去解析，使人人都能了解佛法教义，这就是辞无碍。

四、乐说无碍：是随顺众生根性所需的方式而说法，能圆融无碍、毫无厌倦，是乐说无碍。

佛陀说法有两种方式：一、随他语意，二、随自语意。

“随他语意”是同样的道理要看众生的根机、知识能听懂什么，就以什么方法来教导，说方便法，循循善诱。

“随自语意”就是把佛陀自己想说的法，也就是成佛之道、奥妙的真理实相，随着自己的心意而畅说无碍。

不管随他语或随自语，都是四无碍智。有如此辩才，方能教化一切众生，远离愚痴生死。

教化一切，悉以大乐

度众生有两种工具：

一是身的威仪，也就是“色”；二是口的说法，也就是“声”。如果能够把身心见解、观念、行为举止改正过来，行为律仪就可具足，而所表现的形态也就自然而庄严。然后运用智慧辩才去说法教化，使一切众生都得到究竟的大乐。

八大人觉经

八大人觉经

八大人觉经

八大人觉经

八大人觉经

八大人觉经

【第六觉知】

●贫苦多怨　横结恶缘　菩萨布施　等念怨亲　不念旧恶　不憎恶人●

贫苦多怨，横结恶缘

众生都是受业力牵引来到人间。业分善业、恶业;造恶业的众生如无善缘,这分恶业的种子就会生生不息;所以,有很多业障重的人,时常苦不堪言,往往有接连不断的灾害发生。

人往往在贫苦中再造恶业,不由自主地“横结恶缘”。有一位男子因家贫又不守家业，竟然为了太太生产时缺钱，向老母亲要钱，母亲不给，一气之下杀死母亲，这些都是因贫穷而引发的恶业。

菩萨布施

真正要做菩萨，就要常行布施。台北有位女士，原本要把她一生的积蓄留给儿子，后来，她认为把钱留给儿子所能发挥的功效有限，但建设医院却是千秋百世都在发挥爱的功能，永远都在放出爱的光辉。因此，她就以儿子的名义捐出一大笔钱，这就是菩萨的布施，爱的教育。

我们一定要提起这分菩萨精神，从事社会福利志业，希望大家把这分菩萨的精神用在家中，再以妈妈的爱心推广于社会人间。把世间哀嚎苦难的众生当作是我们的子女一样地关怀，这就是菩萨。如能把菩萨的智慧用在家中，发挥这分爱的教育，这就是先生事业中的智识贤妇，也是儿女心目中的慈爱良母。

布施除了“财施”以外，还要注重“法施”与“无畏施”。“法施”就是精神教育；“无畏施”则使众生消除恐慌，离开罪恶的险道。

等念怨亲，不念旧恶，不憎恶人

我们应该“怨亲平等”。就像慈济本着“诚”与“正”，以诚恳、公正的态度去救助那些需要帮助的众生，无怨无亲，一律平等看待。菩萨只有爱，永远都没有憎怨的心、嫌恶的念，无论过去曾与人结下任何恶怨，我们也要舍弃这分心念。

孔夫子教导学生要以德报怨，何况我们是学习出世的菩萨法，怎能有怨恨存于心呢？既然是菩萨平等的心，当然就无怨亲的念，也就不念旧恶了。释迦牟尼佛受提婆达多生生世世的迫害，但佛陀在《法华经》中还为提婆达多授记。他成佛的时间，依报、正报都比其他的弟子庄严，这就是以德报怨的精神。所以说“不憎恶人”，我们不可对恶人起憎怨心，这就是菩萨的平等心。

佛陀教导众生要修行大直道，虽然尚有其他很多方便法门，但人在世间的时间不长久，人身难得，佛法难闻，既然有一条笔直的康庄大道，可从凡夫地直通佛的境界，为何我们不走呢？“上求佛道，下化众生”，是真正的菩萨道。我们应向这条福慧双修的大道直走，如此，极乐世界就在眼前。

八大人觉经

八大人觉经

八大人觉经

八大人觉经

八大人觉经

八大人觉经

【第七觉悟】

五欲过患 虽为俗人 不染世乐 常念三衣 瓦钵法器 志愿出家 守道清白 梵行高远 慈悲一切

五欲过患

人之所以有苦恼、有过失犯错，都由于“**五欲过患**”而造就。什么是五欲呢？就是五种欲念：一是财利物欲，二是男女色欲，三是名利权欲，四是美味食欲，五是懈怠睡欲——也就是财、色、名、食、睡等五种爱欲。

第一，财利物欲：这是世间人都特别偏爱的。人忙忙碌碌在世间究竟为何事而忙？很多人看到我时，就说：“师父啊！我最近有很大的困难，请您开示。”他们所谓的困难，总离不开最近事业不顺、最近被倒了一些钱……等等苦恼。

目前台湾赌风炽盛，人人热衷投机生意，甚至发生许多劫财害命的社会问题，其原因不外是大家一心谋求财利，所以说人生忙忙碌碌，大都只为了财利物欲而造成无穷苦患。

财利可造就世间的罪业，也可以造福人群。若不善于运用，财利是害人最深、恼人最多的东西；反过来说，如能把这些财利取诸社会，用诸社会，那就功德无量了！

在家人对于理财应该"取之有道、用之有道"，如此财利便可造就功德；出家人亦然，能够充分运用财利在世间做福利人群的志业，这分财利就可化为不朽的精神。

记得在三十多年前，有一位出家的修行

人,他表现得很好,佛学常识懂得很多,也很会说法,平时有许多人供养。后来生病往生了,众人在料理他的后事时,发现他的榻榻米下,铺着一束束的新台币。虽然他的形象是出世的,但仍无法放下财利物欲。

少数的出家人尚且如此,何况是在家居士呢？一般人对佛法还不了解,对人生的真理还不能看透,难免财利物欲的心会更重。总之,人还未脱离习性之前,都会有财利物欲的贪念,舍不得用这些财物来造福人群。人生如能看得透彻,就该用行动表现出来;能时时造福人群,这分志节必能流传在人间。

社会上有很多大企业家,钱多、太太多、儿女多,以致死了之后,那些太太、儿女为了争夺遗产而对簿公堂,大起干戈,由此看来,他们所遗留下来的不是钱财，而是祸害。

第二，名利权欲：社会如果不是为了财利物欲的争夺而动乱，就是为了名利权欲；看看有多少叱咤商场、官场的知名人物，往往愿意倾尽全部家产，来成就他的名欲。以现实的例子而言，每次的选举季节一到，参选人就用尽心血，花费时间、金钱，为的就是想要获得名位。

记得在我的故乡丰原镇，有一位地方人士为了要竞选镇长，选举前，几乎每天都挨家挨户去拜访选民，晚上回家又要与智囊团研究策略，日夜不得休息，家中像是开流水席似的，进进出出的人川流不息，只能用车水马龙来形容当时他家的盛况。

投票结果他是当选了，可是就在当选的

当天，突然中风、倒地而死！想想，他为了名位辛苦奔波，最后的下场竟是人死、钱尽、名空。这又有何用处呢？有些极具知名度的人士，他们之所以会失败，是因为他们争名利、权欲之心过强，所以说名利、权欲是众生的一种过患。

第三，男女色欲：如果不为财不为名，那就是为了情。社会上有很多惊人的血案，都是因情色所致；使家庭破裂，不能幸福，其原因也大部分源自色欲。在一个家庭中，如果夫妻其中一人的心另有所属，这个家庭就埋伏了破裂的危机，而家庭一破裂，子女的教育就成了问题；所以说男女的色欲，除了危害自己的身心之外，也会破坏家庭，进而造成社会问题。因此，男女色欲可说是五欲中最严重的一项。

现在的社会生活安定，人民生活富足，吃得饱、穿得好、住得豪华，也因此有人便产生了非分之想。古人云："饱暖思淫欲。"人一旦吃饱穿暖，心就想向外寻乐，并且往往不去寻找正当的娱乐，而是寻求一些旁门左道的乐子。有很多人向我诉说苦恼时，往往离不开家庭问题，有时我会觉得："问情何在？"很多人在结婚前总是山盟海誓、海枯石烂、永不变心，曾几何时，说变就变！因此为情牺牲的人实在太傻了，生来世间，难道就只为了情而活吗？为了感情而牺牲，等于抹煞了父母给我们的身体、生命，这是罪大恶极的事，"身体发肤受之父母，不可毁伤"，这是大家都知道的道理。

有位年轻的小姐来找我，说她曾为了感情自杀过，第一次自杀时男友陪侍在旁，照顾得无微不至；第二次自杀时，他只到医院探望一下；第三次自杀，他连去探望也没有。我问她："你现在还要自杀吗？"她摇头了。问情是何物？老实说感情是最不可靠的。为了感情而杀人毁己，甚至抄家灭门的事层出不穷，这就是色欲的祸害。

第四，美味食欲：以前有一位老人家问人说：世间有什么坑永远填不满？有人说是海，有人说是深谷。他说："你们都猜错了，那就是'鼻下横'——嘴巴。"现在社会上充斥着很多杀业，除了人与人之间相互伤害之外，就是杀害生物；杀害生物的目的，只为了贪图口腹之欲，一个小小的嘴巴竟然吃尽了天下众生肉。

过去佛陀在世时，有弟子问佛："等到何时才能天下太平，战争停止，刀兵劫尽呢？"佛陀回答："欲知世上刀兵劫，但听屠门夜半声。"

古时候的战争是骑着马用刀使箭伤人，那已经够残忍了，而现在的战争发展成为核子战争、化学战争，只要按一下电钮，世界可能就在瞬间毁灭。看看现在屠宰业也都改为电动屠宰，从入口处进去，出来时都已剥好皮、拔好毛、剖好胸，把一切过程都处理好了。这么进步的屠宰技术究竟又为了什么？还不是为了吃、为了口腹之欲，其实人只要两碗饭就可以饱腹，又何必为了贪图美味而杀害那些生物呢？

现在的家庭都不像家了，以前每户人家都有烟囱，烟囱一冒烟，就知道这家已经在做饭了，多温馨的景象啊！而现在都改用瓦斯，甚至不下厨而天天上馆子的也大有人在。如果有一天能源发生危机时，生活将会如何呢？所以我常说：若能保持平常粗菜淡饭的生活，应该是最幸福、最健康的。

第五，懈怠睡眠：人生就是在懈怠睡眠中逐渐地堕落，每个人的人生，真正在做人做事的时间，即使再勤劳的人也只做了三分之一而已。一天廿四小时，睡眠占了八小时、吃饭二小时；一个月三十天，就睡了十天、吃饭用了六十小时；一年十二个月，睡了四个月、饮食用掉七百二十小时。再扣掉幼年不懂事及老年不能做事，人生能做事的时间实在很有限。

“懈怠”就是不精进的意思，人生除了吃、睡之外，就是贪玩、游手好闲，这种人生还有意思吗？我们常说佛陀出现人间，是为普度众生；人所以被列入众生之一，是因为我们与一切生物、动物没有多大的不同，所以不说度人，而说度众生。学佛之初应该先学做人，珍惜时间，进修己德，才能成就事业。

虽为俗人，不染世乐

人一定要自救，要自救必须远离五欲，把财物用来造福人群，这就是功德。

把名利权欲换作无代价的付出、随分随力付出精神力量、把事业的精神换成志业的精神、把男女间的爱换成普利众生的爱、把迷情换成觉情（觉情就是觉有情，把众生痴迷的染情，换成净觉的悟情）、把懈怠换成精进、把贪眠换成工作、把美味换成粗食淡饭来修行；能这样做就是功德。

转五欲为功德，就是修行。肯实心修行，即使是俗人也能成就无量功德，就像莲花出污泥而不染一样，所以说，“**虽为俗人，不染世乐**”。

常念三衣，瓦钵法器

出家人修行有“三衣”，也称袈裟；佛制弟子只蓄三衣。

在家人应常作如是想：出家人仅有三衣，而在家人却经常为了衣着追求流行，永远无法获得心理的满足。

穿衣只不过是为了蔽体、取暖、礼节而已，如果虚荣心重、追求流行，天天都觉得少一件衣服，这样实在很痛苦。我们要常常反省自己，虽然是在家人，也可以过着知足常乐的生活。

“瓦钵、法器”是出家人不离身的器物。当初佛在世时，弟子都有一个用来装食物的钵，每天托钵维生。三衣、瓦钵、法器，代表粗衣淡食、知足安贫、守志奉道的生活。

志愿出家

“志愿出家”这句话，大家千万别误会信佛就要出家。所谓志愿出家，就是身虽在家，心也要有这分出世的精神。我们既然要学佛，就要种下成佛的种子，过去、未来一切诸佛也都一样，没有不发心出家而能成佛的；今生此世虽是在家人，如能发心学佛，也可志愿来生有因缘出家——能现出家相，住持三宝，更能弘扬佛法的精神，成就化度众生的事业。所以说我们要立下志愿，要有出家人的信心、毅力、勇气，才能成就度生大志。

守道清白，梵行高远，慈悲一切

“守道清白、梵行高远”就是要我们好好守戒律，在家要守五戒，出家要守三百四十八条或二百五十条的戒律，各人坚守各人的岗位、各人严守各人的规矩，能守戒不犯就叫**“守道清白”**。梵行，梵是清净、不染著。

在家受五戒以后不杀、不盗、不邪淫、不妄语、不饮酒。能守住这五戒就是清净行，如能做到这样，就是“**慈悲一切**”。怎么说呢？因为如果能把追求五欲物利的心，转过来守持佛陀的教诫，自然就可以启发良知、发挥良能，所做的一切便都是福利人群、利益众生的事，当然也就是慈悲一切了。

八大人觉经

八大人觉经

八大人觉经

八大人觉经

八大人觉经

【第八觉知】

●生死炽然 苦恼无量 发大乘心 普济一切 愿代众生受无量苦 令诸众生毕竟大乐●

生死炽然，苦恼无量

“生死”从无间断，它可分成两种：一种是分段生死，另一种是变异生死。

六道的众生，大家都在分段生死的阶段，什么是分段生死？就是一段一段的生命。比如：这段人生的生命只有五十年的寿命，到了五十岁死了，就结束了这一段。死了之后，是否一了百了呢？不！还是有下一段的生命延续。

若问下一段将是怎样的生命形体呢？那就要看这一世在人生的五十年间到底造了什么业。这辈子如能十善具足，这股业力就会引生天堂。神识一旦离开了肉体，这个身躯就可称为“死”，但往生天堂又是“生”，所以说死是生的开始。假如这一生，没做善事，但也不犯做人的规矩，守身清白，不杀生、不偷盗、不邪淫、不妄语、不饮酒，五戒不犯；此生结束，舍掉了身躯，这股业力还会牵引神识投胎为人，这也是生。世间千万年来，没有不死的人，人生是几十年一段的生命体，因此称为分段生死。

为善升天堂，做人不善不恶的仍然生在人间，那么作恶的到何处去呢？他们必定会舍人身堕三恶道。悭贪不舍的人，舍了人身堕入饿鬼道；不守妇道，不守人伦者，堕入畜生道。所以善道与恶道还是以做人为中心，为善的上升，为恶的下堕，都还是在分段生死中。

天堂也有分段生死，只不过天人寿命长、快乐多，人间的一百年，是忉利天宫的一日，人间平均的寿命是七十岁，忉利天宫的寿命是一千岁，人间过完了一世，而忉利天一日还未过完；天堂是苦少乐多，人间是苦多乐少，随着业力而受报。

在佛陀看来，三界六道便如处于火宅中，死生险难，苦患无量！《法华经·譬喻品》中把这种情况分析得很清楚，所以说：“**生死炽然，苦恼无量。**”

人间一切的事物都不如我们想象中的理想。世界各地的天灾人祸不断地发生,伤亡人数动辄百千,无家可归的人比比皆是,这些天灾人祸真的是无法避免与抗拒的吗?

天灾起自共业,而人心造就其业,欲救世间灾难,必须先救人心。佛陀出现在人间为的就是使众生的心灵得救,如能使人心平和则天下的灾害人祸,就可平静。

俗话说:“天助自助。”所以要救天灾人祸,必须先净化人心,把一切众生的良知启发,使其发挥爱的精神力量,凭着这分爱的循环就可使天下吉祥,社会和睦,家庭幸福。

每个人的心地都能保有宁静,人间就是真正的天堂。

佛陀说:“**苦恼无量**。”生在人间的确是苦恼无量，有生、老、病、死之苦，有爱别离、怨憎会及种种灾害无常险难之苦。佛陀一直在努力教育我们，世间有生死的痛苦，有种种灾祸的烦恼，如果我们能认清痛苦的根源，就知道要如何发心治苦。

发大乘心，普济一切

佛教中有两种法门：一是大乘，一是小乘。修小乘者是独善其身，他们知道世间无常，生死痛苦，所以要赶快修行。

佛陀教育众生要自救之前，必须兼具救人的善念；要发心，需发菩萨心，菩萨心就是“大乘心”。既然发心学佛，就要深深体会生死的苦恼，我们应该把握机缘，赶快发“大乘心”，普天之下的人得救，自己也一定可以得救。抱着舍小护大的精神，才能“**普济一切**”，使天下众生都可得救。

愿代众生受无量苦，令诸众生毕竟大乐

除了普济一切众生之外，我们还要发："**愿代众生受无量苦**"的心愿，但愿一切众生的苦都让我代为承受，人伤我痛，人苦我悲，这就是佛教所说的"同体大悲"。不但要代众生受苦，更进一步要"**令诸众生毕竟大乐**"，这就是"无缘大慈"。

地藏王菩萨"地狱未空，誓不成佛；众生

度尽，方证菩提"的愿力，也是但愿众生得离苦，不为自己求安乐的精神。

学佛如不肯发普济众生的大乘心，则是"慈心不周"，如此学佛就学得不够究竟；假如我们不肯代众生受苦，那就是"悲心不切"。

若有人问你，怎样的人才算慈悲？看到别人快乐时，自己也欣喜快乐；看到别人苦恼时，便如同自己受难、遭困般痛苦，如果有此"人伤我痛"之感，就是悲心至切；别人得救，我能感到很欢喜，这就是慈心周遍，也就是佛陀教导我们的第八种觉悟。

我常说无论做什么事，一定要拿出至诚的心，有至诚的心，何患事不成、愿不了呢？我一向不谈神通、怪异，但偏会有一些不可思议的事发生，这就是心力。

学佛要先从我们的心学起，修行也要从我们的心修起，救世更要从我们的心救起，如有这分慈悲周切的心，就是真正的佛弟子，真正具有菩萨的精神。我们礼拜地藏王菩萨时，其实是拜我们心中自性地藏的本能——大愿；念观世音菩萨是念出我们心中的本具良知——慈悲。如能了解拜佛、学佛的意愿，以佛所教化的大乘心，来普济一切众生，立地藏王菩萨的愿，发观世音菩萨的心，那么此刻的我们，人人都是地藏王菩萨，个个也都是观世音菩萨了。

结语

佛陀讲《八大人觉经》时，一再叮咛，希望大家好好发大乘心，期使众生能得毕竟安乐。最后，佛陀做了以下的结语：

如此八事，乃是诸佛菩萨大人之所觉悟，精进行道，慈悲修慧，乘法身船，至涅槃岸；复还生死，度脱众生，以前八事，开导一切，令诸众生，觉生死苦，舍离五欲，修心圣道。若佛弟子，诵此八事，于念念中，灭无量罪，进趣菩提，速登正觉，永断生死，常住快乐。

“如此八事，乃是诸佛菩萨大人之所觉悟”，以上八种觉悟，是诸佛菩萨所觉悟的道理，也是诸佛菩萨自行化他的德业妙行。

菩萨也叫做“觉有情”，就是已经觉悟的有情。凡夫的情是受污染具有色彩的，菩萨的情是清净的，没有色彩也没有界限，不但自无始以来至现在，还可以延续于无终无尽的未来。菩萨与众生有一分不解之情，跟着众生在六道中生生灭灭、去去来来，为的是什么呢？只是为了救济众生。

菩萨与众生之间，早已结下不解之缘，无论众生到哪里，佛菩萨也跟着到哪里，这是由于菩萨能彻底觉悟而发大乘心的缘故。一般人即使能够觉悟，也只是少分觉悟，无法真正体会到人、我、众生佛性平等的道理。既已透彻了悟宇宙人生的真理，就应“精进行道”，好好把握时间，在菩萨道上勇猛精进修行，永不休止，不要沉浸在那些人我是非中。

我们所要修的是慈悲与智慧，用这分慈悲修智慧行；有透彻的慈悲，就有具足的智慧，这就是“**慈悲修慧**”。

人间就像是茫茫的大海，凡夫在大海中浮沉，生死不休地轮回在六道中，时而升为人天，又时而下堕地狱，沉浮不停。而学佛就像是坐上般若船一样，在茫茫大海中，救度沉浮的众生。所以说：“**乘法身船，至涅槃岸。**”我们不但自己乘这艘船自度，而且能救度众生，同达涅槃彼岸。“**至涅槃岸**”，就是到达没有生死轮回的地方。

菩萨虽然已到彼岸，能断生死，但还是要

把这艘船划回来广度众生，永无休止地在茫茫大海中做救度众生的工作，所以说“**复还生死，度脱众生**”，希望众生人人得以觉悟，个个成为菩萨。

“**以前八事，开导一切，令诸众生，觉生死苦，舍离五欲，修心圣道**”。前面所说的八种修行觉悟的事项，无非是要开导一切众生，让大家知道生死的无常，觉悟生死的痛苦，知道学佛就在了脱生死。佛陀是见道者、开道者、说道者，能引我们入康庄大道，“**舍离五欲，修心圣道**”。

“**若佛弟子，诵此八事，于念念中，灭无量罪**”。身为佛弟子要常常心念着这八件事，念念不断，就可消灭无量罪，当然只要不离开这八种修心觉悟的方法，就绝对不会去犯错造罪，绝对不会走错路。如此便可“**进趣菩提**”——走进菩萨道中，“**速登正觉**”——很快地就可与佛的智慧平齐。

如果我们有佛陀的智慧与菩萨的慈悲，就能“**永断生死，常住快乐**”，不会再有生死的苦受。菩萨永远在人间，但他一直不觉得苦，因为菩萨是自愿欢喜来做救度众生的工作；虽然在人间无休止地来回，却很快乐，所以有“菩萨游戏人间”之说。

希望人人都能依止佛陀在《八大人觉经》中所开示的八种觉悟之道，精进力行，那么所走的道路决不会有所偏差，祝福大家智慧如日、慈悲如月，永远光明。

八大人觉经

八大人觉经

八大人觉经

八大人觉经

八大人觉经

八大人觉经

图书在版编目(CIP)数据

八大人觉经/释证严讲述. —上海: 复旦大学出版社,2013.1 (2022.8 重印)
(证严上人著作·静思法脉丛书)
ISBN 978-7-309-08614-0

Ⅰ. 八… Ⅱ. 释… Ⅲ. 佛教-人生哲学-通俗读物 Ⅳ. B948-49

中国版本图书馆 CIP 数据核字(2011)第 243220 号

慈济全球信息网:http://www.tzuchi.org.tw/
静思书轩网址:http://www.jingsi.com.tw/
苏州静思书轩:http://www.jingsi.js.cn/

八大人觉经
释证严 讲述
责任编辑/邵 丹

复旦大学出版社有限公司出版发行
上海市国权路 579 号 邮编: 200433
网址: fupnet@fudanpress.com http://www.fudanpress.com
门市零售: 86-21-65102580 团体订购: 86-21-65104505
出版部电话: 86-21-65642845
上海崇明裕安印刷厂

开本 890×1240 1/32 印张 5.625 字数 48 千
2013 年 1 月第 1 版
2022 年 8 月第 1 版第 3 次印刷
印数 7 201—8 800

ISBN 978-7-309-08614-0/B·416
定价: 24.00 元
